Vamos creciendo

Educación de las virtudes humanas

esc

Editora Social y Cultural, S. A.
Costa Brava, 6
28034 Madrid (España)
Tel.: 91 431 92 05
Fax: 91 576 90 53
sc@fomento.edu
www.editora-sc.es

Autor:	José Amat Ruiz
Dirección editorial:	Ana Rueda Roncal
Coordinación editorial:	Dolores Rodríguez Fraile
Producción:	Juan Carlos Gómez Morán
Ilustración:	José Ignacio Gómez Rodríguez
Diseño y maquetación:	Koldo Fuentes
Impresión:	Villena Artes Gráficas, S.A.U.

El empleo de las formas masculinas en este cuaderno pretende facilitar de un modo sencillo la lectura del texto y evitar así la constante referencia al femenino y al masculino. No refleja, por tanto, ningún prejuicio sexista.

ISBN: 978-84-8077-411-6
Depósito Legal: M-4941-2010

PRESENTACIÓN

Vamos creciendo es un plan sistemático dirigido a la educación de las virtudes humanas durante la Educación Primaria. Esta etapa educativa es el período óptimo para la educación en virtudes. La familia es el ámbito propio para su desarrollo y adquisición. El centro escolar potencia la acción educativa de los padres.

Nuestra intención al publicar estos materiales es hacer más asequible a los padres y profesores la educación de las virtudes humanas —aunando la acción de familia y colegio— que son imprescindibles para formar a los hombres y a las mujeres que requiere el mundo de hoy y el de mañana. Se presentan las virtudes de modo atractivo y positivo, ayudando a poner en práctica lo aprendido y procurando la coherencia entre los contenidos y la conducta.

No se trata de hacer de la educación en virtudes un añadido aparte sino de integrarlas en todas las áreas del currículum. Contamos con que todas las virtudes se relacionan entre sí y que al mejorar en una de ellas lo hacemos también en las demás.

Cada cuaderno se compone de 30 fichas estructuradas en 15 quincenas y de un anexo para preparar y vivir las virtudes durante las vacaciones.

Hay dos fichas para cada quincena. Las de la primera semana presentan un objetivo quincenal en torno a una virtud y plantean una serie de actividades para conseguirlo. Estos objetivos quincenales son fácilmente observables y evaluables. Las de la segunda semana contienen actividades para reforzar dicho objetivo.

Cada alumno ha de esforzarse en vivir el objetivo quincenal tanto en la familia como en el colegio.

Las orientaciones de cada quincena sugieren a padres y profesores modos prácticos de actuación. En ellas se recogen una serie de obras incidentales*, que son pequeños actos de la vida diaria cuya repetición contribuye a la formación de hábitos.

---

* GARCÍA HOZ, V. *La práctica de la educación personalizada.* Madrid: Rialp, 1988. Cap. 14. Tratado de Educación Personalizada, vol. 6.

A LOS PROFESORES

En el momento señalado en el horario, mostraréis a los alumnos la lámina correspondiente y trabajaréis con ellos las actividades previstas para hacer en el colegio. Estas actividades están en el reverso de la lámina.

A continuación, les pediréis que lleven a casa la lámina que se ha trabajado.

El día de la semana acordado, los niños os devolverán la lámina con la evaluación de sus padres.

Las láminas de la segunda semana de cada quincena se trabajan sólo en el colegio.

Este material aporta temas concretos para hablar en las entrevistas con los padres, sobre todo en lo que se refiere a la adquisición de virtudes humanas, hábitos de trabajo, utilización del tiempo libre, etc., por parte del niño.

Una reunión con los padres en las primeras semanas del curso escolar será de gran utilidad para encauzar esta tarea.

A LOS PADRES

Vuestro hijo llevará a casa la lámina después de haberla trabajado en clase. Necesita que le dediquéis, durante un momento, vuestra atención. Le pediréis que os la enseñe y os cuente lo que ha hecho en clase.

Luego trabajaréis las actividades para hacer en casa, concretaréis el objetivo familiar para esa quincena y colocaréis la lámina en el lugar de la casa que consideréis más adecuado: el cuarto del niño, la sala de estar, etc.

El objetivo familiar se escribe en la lámina de común acuerdo con el niño. A veces convendrá que sea el mismo que el del colegio para reforzarlo, otras habrá que buscar el que penséis que conviene al niño en ese momento.

La relación de obras incidentales que hay en las orientaciones de cada quincena os ayudará muchas veces a concretar el objetivo familiar.

Al finalizar la quincena se evalúa en la lámina cómo se ha cumplido el objetivo de esa quincena y el niño devuelve la lámina al profesor. Es importante estimular positivamente al niño en la consecución del objetivo, por eso nunca se evalúa «mal».

De este modo, el colegio y la familia, van coordinados, quincena a quincena, en la formación del niño.

Índice

Orden

Actividades

1. Escribe algunas normas que tengas en casa y en clase.

EN CASA	EN CLASE
....	....
....	....
....	....
....	....
....	....
....	....

2. Contesta.

– ¿Crees que son importantes esas normas? ....

– ¿Qué pasaría si no se cumpliesen? ....

....

....

– ¿Qué estás haciendo para cumplirlas muy bien? ....

....

....

3. Nos distribuimos las normas de la clase por equipos y confeccionamos un rótulo con cada una de ellas. Colocamos los rótulos en un lugar visible de la clase.

4. Estas son algunas normas que has de tener en cuenta durante los descansos:

– No salgo de la zona asignada para el descanso.
– Trato correctamente a mis compañeros, sin gritos ni insultos.
– Procuro jugar sin ensuciarme la ropa.
– Evito los juegos violentos y peligrosos.
– Deposito los papeles y desperdicios en la papelera.
– Uso el agua de las fuentes para beber y no para jugar.

• Escribe debajo de cada uno de los dibujos que están a continuación la frase que le corresponde.

Nombre:...

Orden

El juego de las parejas

Recorta los dibujos por la línea de puntos para formar una baraja. Puedes jugar con un compañero colocando las cartas hacia abajo. Destapa cada vez una carta, por turnos. El que consiga una pareja se la lleva. Si no se consigue pareja, la carta levantada queda vuelta hacia arriba. Gana el jugador que consiga mayor número de cartas.

Nombre: ....

Quincena 3

Orden

Actividades

1. Anota el nombre de las cosas que están desordenadas en el dibujo de la izquierda y ahora están ordenadas en el dibujo de la derecha.

....

....

....

....

....

....

2. ¿Qué cosas puedes tener mejor ordenadas en tu habitación?

....

....

Nombre:...

3. Rodea sólo las cosas que ayudan a cuidar la clase.

BORRAR LA PIZARRA   DECORARLA   ESCRIBIR EN LAS PAREDES

RAYAR LAS MESAS   COMER EN CLASE   MANTENERLA LIMPIA

HACER ARREGLOS   RECOSTARSE CONTRA LA PARED

4. Rellenamos una ficha de arreglos.

FECHA: ....

DESPERFECTO: ....

....

LUGAR: ....

POSIBLE SOLUCIÓN: ....

....

5. Dramatizamos una situación en la que se manifiesten las ventajas del orden y las desventajas del desorden en la clase.

Obediencia

Actividades

1. Escribimos, en equipo, algunas excusas que suelen poner los niños y niñas de tu edad para no obedecer.

   Es que…

   ....

   ....

   ....

2. Hacemos una lista de acciones en las que hemos de obedecer sin excusa.

   ....

   ....

   ....

3. Subraya las frases verdaderas.

   Para obedecer tengo que:

   – Escuchar con atención.

   – Preguntar las dudas.

   – Retrasarme en cumplir lo que me piden.

   – Hacerlo con alegría y buena cara.

   – Pensar si me conviene.

4. Busca en el diccionario el significado de la palabra obediencia y escríbelo.

   ....

   ....

5. Escribe algunas frases que son muestra de respeto a las personas mayores.

   ....

   ....

   ....

Nombre:..

6. Dramatizamos una situación en la que debemos obedecer con alegría y buena cara. Después hacemos lo mismo pero con caras largas y protestando. Explica qué sucede en cada caso.

....

....

....

....

7. Señala con una X los momentos en que te cuesta más obedecer.

Me cuesta más obedecer cuando me mandan:

- ☐ Levantarme por las mañanas.
- ☐ Dejar de jugar.
- ☐ Recoger los juegos y mi habitación.
- ☐ Hacer las tareas.
- ☐ Asearme.
- ☐ Acostarme.

Generosidad

Actividades

1. Escribe cómo se ayudan estos niños.

2. Piensa de qué forma puedes ayudar a tus compañeros. Comenta con el profesor y escribe cómo vas a ayudar a algunos de ellos.

Nombre:

3. Escribe el nombre de juegos que puedes practicar con tus compañeros.

4. Practicamos un juego en el que algunos compañeros tienen que hablar, durante un tiempo limitado, sobre un tema que sacan de una lista al azar. Guardamos el turno para hablar.

5. Inventa una historia que refleje la importancia de la ayuda a los demás y dibújala.

TÍTULO: ....

Generosidad

Presto algo que me gusta

Objetivo familiar: ....

Nombre: ....

Firma de los padres

Evaluación de los padres:
Señalar con una X la evaluación adecuada del objetivo familiar

☐ ☐ ☐

Introducción

Debemos ser generosos con nuestras cosas. Da al que lo necesita cosas que sirven y te gustan y no lo que sobra. Dar cosas que nos cuestan tiene más mérito. No esperes recompensas.

Siendo generosos hacemos más felices a los demás y a nosotros mismos.

Actividades para hacer en el colegio

1. Observamos la lámina y dialogamos:
   - ¿Qué está prestando Marta?
   - ¿Qué hace Nacho?
   - ¿Crees que están dando algo que les gusta?
   - ¿Están todos contentos? ¿Por qué?
   - ¿Qué cosas de las que tienes te gustan más?
   - ¿Prestas o das cosas que te gustan?
2. Escribe algunas cosas que te cuesta prestar.

   ....

   ....
3. Escribe una relación de cosas que vas a dejar a los demás esta quincena.

   ....

   ....

Actividades para hacer en casa con tus padres

4. Comenta con tus padres lo que has escrito en las actividades 2 y 3 del colegio.
5. Escribe algunas cosas que has dejado a tus hermanos últimamente.

   ....

   ....

Orientaciones para padres y profesores

La generosidad no es sólo dar cosas sino que es dar y darse a los demás: escuchando, perdonando, ayudando, agradeciendo...

Enseñaremos a los niños que ninguno de los bienes que poseemos nos pertenece plenamente. Les proporcionaremos oportunidades para que se desprendan de algo suyo (un juego, un libro, etc.) que esté en buen uso para darlo a otros niños necesitados. Les haremos ver que dar algo que estorba, está estropeado o que no cuesta, no supone ninguna generosidad.

Fomentaremos la participación en actividades de ayuda y solidaridad con los más necesitados: campañas de Navidad, ayudas a familias necesitadas, colectas, etc.

Obras incidentales que facilitan la generosidad:
- Prestar sus cosas a los hermanos y compañeros.
- Ayudar a los hermanos o a otros niños más pequeños.
- Ayudar a quien lo necesita.

Generosidad

El Gigante Egoísta

Todas las tardes, al salir de la escuela, los niños acostumbraban a ir a jugar al jardín del Gigante.

Era un jardín grande y hermoso, recubierto de suave y verde césped. Aquí y allá, entre la hierba, crecían bellas flores, semejantes a estrellas, y había doce melocotoneros que en primavera se llenaban de delicadas flores rosa y nácar y en otoño se cargaban de rico fruto. Los pájaros se posaban en los árboles y cantaban tan dulcemente que los niños solían dejar sus juegos para escucharlos.

—¡Qué felices somos aquí! —se gritaban unos a otros.

Un día el Gigante volvió. Había ido a visitar a su amigo el ogro de Cornualles y había permanecido con él durante siete años. Pasados esos siete años, había dicho ya todo lo que tenía que decir, pues su conversación era limitada, y había resuelto volver a su propio castillo. Cuando llegó vio a los niños jugando en el jardín.

—¿Qué están haciendo aquí? —gritó con una voz muy áspera; y los niños huyeron a todo correr.

—Mi jardín es mi jardín —dijo el Gigante—; eso lo puede comprender cualquiera, y no permitiré que nadie juegue en él, excepto yo mismo.

De modo que levantó alrededor del jardín una tapia muy alta y colocó un cartel que decía:

PROHIBIDO EL PASO.
LOS INFRACTORES SERÁN CASTIGADOS.

Nombre: ....

Era un Gigante muy egoísta.

Los pobres niños no tenían ahora dónde jugar. Intentaron hacerlo en la carretera, pero era muy polvorienta y estaba llena de duras piedras y no les gustó. Se acostumbraron a vagar alrededor de la alta tapia, hablando del hermoso jardín que había detrás.

—¡Qué felices éramos ahí! —se decían.

Después llegó la primavera y el campo entero se llenó de flores y pájaros. Sólo en el jardín del Gigante seguía siendo invierno. Los pájaros no cantaban en él, porque no había niños, y los árboles se olvidaron de florecer.

Una vez una hermosa flor asomó la cabeza entre el césped, pero cuando vio el cartel le dio tanta pena de los niños que volvió a deslizarse en la tierra y se durmió de nuevo. [...]

Adaptación del cuento de Oscar Wilde

Actividades

1. Busca en el diccionario el significado de la palabra *egoísta* y cópialo.

....

....

2. Escribe dos frases con la palabra *egoísta.*

....

....

3. Escribe algunas cosas que tú tienes y que pueden necesitar los demás.

....

....

4. Pon algunos ejemplos de cómo vivir la generosidad.

- En casa: ....

....

- Con los amigos: ....

....

- En el colegio: ....

....

5. Inventa un final para el cuento *El Gigante Egoísta.*

....

....

....

Quincena 7

Trabajo

Presento mis trabajos limpios y ordenados

(13)

Objetivo familiar: ....

Nombre: ....

Evaluación de los padres:

Señalar con una X la evaluación adecuada del objetivo familiar

MUY BIEN ☐ BIEN ☐ NORMAL ☐

Firma de los padres

Introducción

Siempre debes presentar los trabajos con orden y limpieza, aun aquellos que puedan parecer poco importantes. Haz las letras del mismo tamaño y con la misma inclinación. Si te equivocas, borra con una goma. Nunca hagas tachones ni escribas encima de lo que hay escrito. Respeta los márgenes.

Actividades para hacer en el colegio

1. Observamos la lámina y dialogamos:
- ¿Están los trabajos limpios y ordenados?
- ¿Hay tachones?
- ¿Ha respetado Marta los márgenes?
- ¿Qué otras cosas debemos tener en cuenta para realizar bien los trabajos?
- ¿Sueles revisar los trabajos antes de presentarlos? ¿Qué haces si ves algo que se puede mejorar?
- ¿Están contentos los niños? ¿Por qué?

2. Escribe algunas cosas en las que puedes mejorar la presentación de tus trabajos.

....

....

3. Colocamos en el corcho algunos trabajos bien hechos.

Actividades para hacer en casa con tus padres

4. Enseña a tus padres algunos trabajos bien hechos.

5. Comenta con tus padres lo que has escrito en la actividad 2 del colegio.

6. Revisa los trabajos que has realizado esta semana y rectifica en ellos lo que no esté bien.

Orientaciones para padres y profesores

Para realizar un trabajo con calidad, además de la suficiente capacidad y dedicación, los niños necesitan saber hacerlo. Por eso, cada profesor, debe enseñar las técnicas de trabajo intelectual de su materia.

Es importante que les demos pautas para la realización de los trabajos: hacer una buena caligrafía, respetando los márgenes, sin tachones; no arrancar ni doblar las hojas de los cuadernos...

Les animaremos a revisar sus cuadernos de trabajo y a que se propongan pequeñas metas de mejora. Cuando puedan realizar mejor un trabajo, es importante hacérselo ver y exigirles la rectificación oportuna.

Valoraremos el trabajo bien hecho y el esfuerzo que han puesto para conseguirlo.

Obras incidentales que facilitan el trabajo bien hecho:
- Presentar los trabajos con limpieza.
- Esforzarse por hacer la letra bien.
- Contribuir al trabajo ordenado y silencioso.
- Adoptar la postura correcta para trabajar.
- Acabar las tareas encomendadas.
- Tener ordenado y a punto el material de trabajo.

Trabajo

Historia de un lápiz

[...] El lápiz, mientras iba de unas manos a otras y pasaba finalmente al fondo oscuro de la cartera infantil, pensó:

—¡Qué niño tan limpio!

Y por lo bajines empezó a reírse.

Le gustaba su dueño. Era menudo pero parecía inteligente. Seguro que le haría trabajar mucho y recordó lo que decía su abuelo:

El lápiz de un niño chiquito,
no descansa ni un poquito.

[...] Poco después, Jorge cogió con sus manos regordetas y calientes el lápiz e hizo la primera raya en la escuela. Después, la segunda y la tercera, y así hasta que perdió la cuenta.

Fatigados como estaban por tantas novedades, Jorge y su maleta, con las cosas recién estrenadas, volvieron a casa.

Jorge enseñó lo que había hecho en clase y toda la familia le felicitó. Verdaderamente aquellas rayas y redondas hechas por él estaban muy bien aunque no fuesen los ríos y las flores que Jorge aseguraba que eran.

El lápiz estaba tan cansado que se durmió enseguida y no se despertó hasta que, a la mañana siguiente, la abuela llevó otra vez al nieto al colegio.

Aquella mañana Jorge conoció a otro niño e hicieron un trato. Jorge dijo:

—Si me das el coche te daré mi lápiz —que era lo único que tenía a mano.

El otro niño respondió:

—Bueno.

—¿Qué significa esto? —pensó, extrañado, el lápiz. Y pasó de una manita a otra. Todavía no sabía nada de la inconstancia de los niños.

Y, rápidamente, se encontró dentro de la boca, la nariz y las orejas de su nuevo y pequeño dueño.

Aquel niño no era tan limpio como Jorge, pero tenía que reconocer que era muy hábil. [...] Lo que más le gustaba era sacarle punta y hacía mil viajes a la papelera: en una mano el lápiz, en la otra el amenazante sacapuntas.

De tanto sacarle punta, el lápiz se volvía viejecito por momentos. Cada vez le quedaba menos madera amarilla y negra, y, amargamente, se lamentó:

—Soy cualquier cosa menos un lápiz. Me usa como bigote, como rascador, como hurgador y a este paso me acabaré en dos días. Además, este diablo de niño me ha mordido y parece que está loco. [...]

Empar de Lanuza, *El sabio rey loco y otros cuentos*, Ed. La Galera.

Nombre:..

Actividades

1. Rodea las palabras que indican cómo es Jorge.

DESORDENADO LIMPIO DESCUIDADO ORDENADO

VAGO CUIDADOSO INTELIGENTE TRABAJADOR

2. ¿Qué le dirías al otro niño para que tratase bien el lápiz?

....

....

3. Escribe SÍ o NO, según corresponda.

Para realizar bien el trabajo hay que:

- Estar atento. ☐
- Hacer tachones. ☐
- Tener la mesa y las manos limpias. ☐
- Salirse de los renglones. ☐
- Borrar los errores con cuidado. ☐
- Doblar las hojas del cuaderno. ☐

4. Imagina que tus materiales escolares cobran vida. Inventa diálogos sobre lo que le diría:

• Un tachón al borrador:

....

....

• El lápiz al sacapuntas:

....

....

• La hoja de papel al niño que la arranca:

....

....

Quincena 8

Trabajo

Escucho con atención

15

Objetivo familiar: ....

Nombre: ....

Firma de los padres

Evaluación de los padres:

Señalar con una X la evaluación adecuada del objetivo familiar

MUY BIEN ☐ BIEN ☐ NORMAL ☐

Introducción

Procura escuchar con atención para comprender las explicaciones. Si no entiendes algo, debes preguntar levantando el brazo y sin interrumpir a los demás.

Pide ayuda cuando la necesites y nunca te burles cuando algún compañero pregunte algo que tú ya sabes.

Actividades para hacer en el colegio

1. Observamos la lámina y dialogamos:
   - ¿Cómo pide permiso Marta para hacer la pregunta?
   - ¿Qué sucede si no estamos atentos a las explicaciones?
2. Preparamos en equipo un trabajo sobre un tema y lo exponemos al resto de la clase. Escuchamos con atención las exposiciones de los otros compañeros.

Actividades para hacer en casa con tus padres

3. Completa, con ayuda de tus padres, este horario de trabajo para casa. Colócalo en un sitio visible de tu habitación e intenta cumplirlo.

HORARIO DE TRABAJO PARA CASA	
Hora	Tareas

Orientaciones para padres y profesores

Durante esta quincena fomentaremos la adquisición de hábitos de trabajo en el colegio y en casa.

Señalaremos diariamente algunas tareas para casa y los niños las anotarán en su agenda. Les ayudaremos a distribuir el trabajo según el tiempo que tienen para realizarlo, evitando que esperen al último momento para hacerlo.

Los niños de esta edad necesitan cambiar frecuentemente de actividad. Les ayudaremos a ser constantes en el estudio y a terminar lo que empiezan superando las dificultades que surjan.

Obras incidentales que facilitan el trabajo:
- Cumplir el horario de trabajo.
- Escuchar con atención y evitar las distracciones.
- Preparar los materiales antes de comenzar a trabajar.
- Realizar los trabajos encomendados.
- Participar en clase.
- Preguntar levantando antes la mano para pedir la palabra.
- Terminar los trabajos en el tiempo previsto.
- Dejar todo recogido al terminar el trabajo.

La cigarra y la hormiga

HORMIGA 1ª: *(Frotándose las manos con señal de frío.)* ¿Te has fijado, compañera, el frío que hace? ¡Vaya inviernito!… Y que va durando, ¿eh?…

HORMIGA 2ª: *(Con señales de tener frío.)* ¡Yo no sé cuándo va a terminar!…

HORMIGA 1ª: Menos mal que yo trabajé de lo lindo en el verano y me preparé dos habitaciones para almacenar granos, semillas y gusanillos hasta que llegara la primavera, que si no…

HORMIGA 2ª: Yo también puedo resistir, pues aún me quedan provisiones. No me preocupa que el invierno sea largo y tan frío.

CIGARRA: *(Llamando a la puerta de la casa de las hormigas.)* ¡Tan, tan, tan!

HORMIGA 1ª: ¿Quién llama?

CIGARRA: ¡Soy yo! ¡La cigarra, vuestra amiga! ¡Abridme un poquitín!

HORMIGA 1ª: ¿Y qué quiere nuestra amiga, la cigarra?

CIGARRA: Estoy muerta de frío. Tengo hambre. Hace cuatro días que no he comido nada. ¡Abrid pronto!

HORMIGA 2ª: *(Abriendo la puerta.)* ¿Cómo decías? No te oí bien.

CIGARRA: Sí, amigas, que llevo muchos días sin comer. Estoy en los huesos. ¡Y con este frío!… ¿No tenéis algo que os sobre? ¡Un bocadito de trigo, algo de cebada, un gusanillo, algo… cualquier cosa…!

Nombre: ....

HORMIGA 1ª: Aquí nunca sobra nada. Trabajamos mucho durante el verano almacenando comida para estos días de nieve y de hielo. Ya sabes que con este tiempo no podemos salir de casa.

CIGARRA: *(Muy humilde y halagadora.)* Sí, ya sé que vosotras sois muy trabajadoras. Y que no os tomáis un día de descanso ni en primavera ni en verano. Pero también sé que sois muy generosas. Por eso he venido a vuestra casa. Estoy segura que me daréis algo para comer.

HORMIGA 2ª: ¿Pero es verdad que no tienes nada, nada? ¿Pues qué hiciste en el verano mientras nosotras trabajábamos?

CIGARRA: ¡Ah! No vayáis a creer, ni por un momento, que estuve mano sobre mano, sin hacer nada. No, no; nada de eso. En el verano canté sin cesar a los cuatro vientos. Cantaba a todos los transeúntes. Cantaba para todos y todos los días.

HORMIGA 1ª: ¿Conque pasaste el verano cantando? ¡Vaya, no está mal! Pues, ¿sabes lo que puedes hacer ahora?

CIGARRA: ¡No! Dime, ¿qué puedo hacer?

HORMIGA 1ª: Pues bailar todo el invierno. Ya llegará el verano y volverás a cantar a los cuatro vientos, a todos los caminantes.

HORMIGA 2ª: También puedes hacer otra cosa: mira a ver si te pagan esos señores caminantes a quienes cantas y puedes seguir dando conciertos.

CIGARRA: No me quedan fuerzas para eso. ¡Ay, pobre de mí! ¡Con lo que me gusta cantar y tocar!... *(Se va.)*

HORMIGA 1ª: *(Al ver que la cigarra se aleja triste y desanimada, la llama y le dice:)* Bueno, ven. Por esta vez puedes entrar y comer alguna cosilla. Pero no olvides una cosa: que de joven es necesario ahorrar.

Cuentos escenificados, adaptación por Andrés Pérez Asenjo, Ediciones SM.

Actividades

1. Representa esta fábula con tus compañeros.
2. Contesta.
   - ¿A qué hora comienzas a trabajar? ....
   - ¿Cuándo terminas? ....
   - ¿Cuánto tiempo dedicas al trabajo en casa cada día? ....
   - ¿En qué lugar trabajas? .... ¿Es adecuado? ....
   - ¿Hay cosas que te distraigan? ....
   - ¿Realizas cada día las tareas que te encomienda el profesor? ....

Fortaleza

Soy fuerte y no me quejo

Objetivo familiar: ....

Nombre: ....

Firma de los padres

Evaluación de los padres:

Señalar con una X la evaluación adecuada del objetivo familiar

MUY BIEN ☐ BIEN ☐ NORMAL ☐

Introducción

Para ser fuertes necesitamos acostumbrarnos y para ello es bueno que cada día hagamos alguna cosa que nos cueste. A todos nos gusta empezar las cosas, pero nos cuesta tener que terminarlas. Sin embargo, todo lo que se empieza hay que terminarlo bien. Debemos ser valientes y fuertes, sin quejarnos excesivamente.

Actividades para hacer en el colegio

1. Observamos la lámina y dialogamos:
- ¿Qué hacen Marta y Nacho?
- ¿Cómo están?
- ¿Crees que se quejan del cansancio y del calor?
- Cuando sales de excursión, ¿te quejas de las pequeñas contrariedades de cansancio, calor, sed, etc.?

2. Escribe algunas cosas que te cuesta hacer y procura hacerlas sin quejarte.

....

....

....

Actividades para hacer en casa con tus padres

3. Comenta con tus padres las cosas que has escrito en la actividad 2 del colegio. Escribe lo que has pensado hacer para vencerte.

....

....

....

Orientaciones para padres y profesores

Educar la fortaleza no es una tarea fácil y muchas veces supone ir contra corriente.

Procuraremos que los niños aprendan a llevar las dificultades con fortaleza, sin quejarse excesivamente de lo que no les gusta, del cansancio, dolor, calor, frío, hambre, sed...

Es importante que aprendan que las cosas que merecen la pena no se suelen conseguir al primer intento y que lo importante es ser constantes para lograr lo que nos hemos propuesto.

Es conveniente ayudarles a concretar pequeñas metas que van a tratar de superar cada día. Esto les mantendrá entrenados para superar los contratiempos que surjan. Les enseñaremos a tener paciencia cuando no salen las cosas como queríamos.

Obras incidentales que facilitan la fortaleza:
- Aguantar las inclemencias y apetitos sin quejarse.
- Adoptar la postura correcta para sentarse.
- Terminar lo empezado: encargos, trabajos, comidas, etc.
- Procurar comer de todo.
- Levantarse y acostarse a la hora prevista.
- Recoger las cosas al terminar de trabajar o de jugar.

Fortaleza

Actividades

Supera los obstáculos con deportividad

Los obstáculos son una ocasión para hacernos fuertes y conseguir la META. Entrénate superando las pequeñas dificultades de cada día.

1. Escribe, en cada valla, una cosa que te cueste hacer. Esfuérzate en superarte, especialmente durante esta quincena. Colorea las vallas que hayas conseguido al finalizar la quincena.

Nombre:..

2. Escribe SÍ o NO, según corresponda.

¿Soy una persona fuerte?

1. Pido caprichos.	
2. Sé esperar cuando quiero algo.	
3. Escucho cuando hablan los demás.	
4. Me quejo de las dificultades.	
5. Busco siempre el mejor sitio para sentarme.	
6. Como de todo.	
7. Protesto frecuentemente.	
8. Quiero todo lo que mis amigos tienen.	
9. Termino todos mis trabajos.	
10. Cumplo con responsabilidad mi encargo.	

Solución:

- Números 1, 4, 5, 7 y 8:
  SÍ: 0 puntos
  NO: 1 punto
- Números 2, 3, 6, 9 y 10:
  SÍ: 1 punto
  NO: 0 puntos

Mi puntuación: .... puntos.

3. Dramatizamos dos tipos de comportamiento: uno sabiendo encajar las dificultades, el cansancio, etc., y otro al contrario.

Quincena 10

Sobriedad

No me dejo llevar por los caprichos

Objetivo familiar: ....

Nombre: ....

Firma de los padres

Evaluación de los padres:

Señalar con una X la evaluación adecuada del objetivo familiar

MUY BIEN	BIEN	NORMAL
☐	☐	☐

Introducción

Distingue entre lo que es necesario y lo que son caprichos. Valora las cosas que tienes y no te dejes llevar por los caprichos. Aprende a desprenderte de algunas cosas, así fortalecerás tu voluntad y serás una persona recia y fuerte.

Actividades para hacer en el colegio

1. Observamos la lámina y dialogamos:
   - ¿Dónde están Marta y Nacho?
   - ¿Qué cosas has pedido a tus padres que te compren últimamente?
   - ¿Son cosas necesarias o superfluas?
   - ¿Cómo cuidas los juguetes y las cosas que tienes para que no se estropeen?
2. Haz una lista con las cosas necesarias y otra con las superfluas, tanto de las que tienes en casa como en clase.

COSAS NECESARIAS	COSAS SUPERFLUAS
....	....
....	....
....	....
....	....

Actividades para hacer en casa con tus padres

3. Escribe el nombre de las cosas que has pedido que te compren últimamente y piensa si son realmente necesarias.

   ....

4. Pregunta a tus padres qué puedes hacer con los juguetes que ya no utilizas y escríbelo.

   ....

Orientaciones para padres y profesores

La sociedad actual con frecuencia ayuda a convertir los caprichos en necesidades. La virtud de la sobriedad ayuda a distinguir entre lo que es un capricho y lo que es necesario. Los niños educados en un ambiente de sobriedad saben lo que cuestan las cosas y aprenden a valorarlas.

Les enseñaremos a no dejarse llevar por los caprichos. Es bueno que sepan esperar para conseguir las cosas y ganarlas con esfuerzo. Si los hijos están acostumbrados a privarse voluntariamente de lo superfluo estarán capacitados para realizar sin mayor dificultad cualquier sacrificio.

Obras incidentales que facilitan la sobriedad:
- Saber esperar para conseguir algo.
- Utilizar las cosas para lo que sirven.
- Cuidar las cosas para que duren.
- Pedir las cosas que son necesarias.
- Conformarse cuando nos niegan algún capricho.

Sobriedad

El avaro que perdió su tesoro

Había una vez un hombre muy avaro. Recogía el dinero y lo guardaba enseguida, sin gastarlo para nada. Ni comía bien, ni vestía decentemente.

Su mayor ambición era tener mucho dinero para guardarlo. En cuanto tuvo una buena cantidad, pensó en enterrarlo bajo tierra para que nadie se lo pudiera robar.

Al fin se dirigió a un bosque y allí lo enterró bajo un árbol, alejándose luego de allí, contento al pensar que nadie sabía dónde se hallaba su tesoro, y por lo tanto, no se lo podrían arrebatar.

Pero en contra de lo que creía, el hombre no vivía tranquilo. No comía ni dormía, pensando siempre si el dinero estaba bastante seguro enterrado en aquel lugar.

Cada día iba al bosque y allí se aseguraba de que el tesoro seguía en su sitio. Tantas veces fue y volvió del bosque, que un campesino que vivía por los alrededores se sintió picado por la curiosidad.

Observó con atención lo que hacía el avaro, y cuando éste se fue, salió de su escondite y con una pala cavó una fosa, encontrando allí una gran cantidad de dinero.

Sin decir nada, lo cogió y se lo llevó, no volviendo nadie a saber más de él.

A la mañana siguiente, el avaro volvió al bosque y se dio cuenta de que alguien le había robado. El pobre hombre comenzó a llorar y a desesperarse quejándose de su desgracia.

Tanto y tanto lloraba que llamó la atención de un hombre que pasaba por allí.

—¿Qué os ocurre, buen hombre? —le preguntó el caminante.

—¡Me han robado mi dinero! ¡Todo lo que poseía!

—¿Quién os lo ha robado?

—¡No lo sé, para mi desgracia!

Nombre: ....

—¿Dónde estaba el dinero?

—Enterrado aquí mismo. Mira la zanja que han abierto para llevárselo.

—¿Y cómo es que lo tenías enterrado? Más cómodo era tenerlo en casa y así lo tenías más a mano para usarlo.

—Yo no lo usaba. ¡Jamás lo tocaba!

—¡Entonces poned una piedra en su lugar! Si no lo usabais, ¿por qué os afligís? Una piedra será para vos tan valiosa como el dinero.

Y el caminante se alejó tranquilamente.

Fábulas de La Fontaine, Susaeta Ediciones.

Actividades

1. ¿Cómo era el protagonista de esta fábula?

   ....

2. ¿Para qué quería tener mucho dinero?

   ....

3. ¿Era feliz con tanto dinero? .... ¿Por qué? ....

   ....

   ....

4. ¿Qué le sucedió?

   ....

   ....

5. ¿Qué consejo le dio el caminante?

   ....

   ....

6. ¿Tienes cosas que no utilices? .... ¿Cuáles? ....

   ....

7. ¿Cuánto dinero te dan a la semana? ....

   - ¿Para qué lo utilizas? ....
   - ¿Ahorras algo? ....
   - ¿Has ayudado a alguien con él? ....

8. Comenta con tus padres lo que puedes hacer para utilizar bien tu dinero. Escribe aquí lo que vas a hacer.

   ....

   ....

Respeto

Saludo al entrar y salir de un sitio

Objetivo familiar: ....

Nombre: ....

Firma de los padres

Evaluación de los padres:

Señalar con una X la evaluación adecuada del objetivo familiar

MUY BIEN ☐ BIEN ☐ NORMAL ☐

Introducción

Debes ser correcto y amable en el trato con los demás. Saluda a los profesores, compañeros y demás personas conocidas que encuentres.

Son buenos momentos para practicar: al subir o bajar del autobús y al llegar o salir del colegio y de clase.

Actividades para hacer en el colegio

1. Observamos la lámina y dialogamos:
   - ¿Saludas a tus profesores y a tus compañeros cuando llegas al colegio?
   - ¿Te despides de ellos al marcharte?
   - ¿Haces lo mismo cuando sales de tu casa o llegas a ella?
2. Contesta verdadero (V) o falso (F).

Un buen compañero:

- ☐ Saluda al entrar y salir de un sitio.
- ☐ Empuja.
- ☐ Elige el mejor sitio.
- ☐ Cede el mejor sitio.
- ☐ Ocupa el sitio que le corresponde.

Actividades para hacer en casa con tus padres

3. Saluda a los vecinos y conocidos cuando te encuentres con ellos. Escribe el nombre de algunos vecinos que has saludado últimamente.

   ....

   ....

4. Pide a tus padres que te expliquen por qué hay que tratar con respeto a los mayores, pero no hay que hablar con desconocidos.

Orientaciones para padres y profesores

Fomentaremos que los niños cuiden la elegancia en los modos externos de comportamiento.

Es una buena ocasión para insistir en los detalles de respeto en el colegio y en casa: saludar y despedirse, levantarse cuando alguien entra, pedir las cosas por favor, dar las gracias, ceder el paso, cuidar la forma de hablar...

Obras incidentales que facilitan el respeto:
- Estar siempre limpio y aseado.
- Vestir con corrección.
- Sentarse correctamente en la mesa.
- Utilizar correctamente los cubiertos en la comida.
- Pedir las cosas por favor y dar las gracias.

Respeto

Actividades

1. Escribe estos diálogos en las viñetas correspondientes.

(1)

—¡Muchas felicidades!
—¡Gracias!
—¡Que pases un buen día!

(2)

—¡Usted primero, por favor!
—¡Gracias! Eres muy amable.

(3)

—¡Hasta mañana!
—¡Adiós!

(4)

—Perdona... (N) ¿Es tuyo este lápiz?
—Sí. Muchas gracias.
—No hay de qué.

2. Dramatizamos las situaciones representadas en las viñetas.

Nombre:...

Quincena 12

Sinceridad

Digo siempre la verdad

Objetivo familiar: ....

Nombre: ....

Firma de los padres

Evaluación de los padres:

Señalar con una X la evaluación adecuada del objetivo familiar

MUY BIEN ☐ BIEN ☐ NORMAL ☐

Introducción

Algunas veces nos puede costar decir la verdad, pero hay que ser valientes para decirla. Los valientes siempre dicen la verdad, aunque cueste.

Si admites tus fallos podrás superarlos. Diciendo la verdad estamos contentos y nuestros amigos pueden confiar en nosotros.

Actividades para hacer en el colegio

1. Observamos la lámina y dialogamos:
   – ¿Qué puede haber sucedido?
   – ¿Cómo está Nacho?
   – ¿Qué le aconsejarías para que estuviese tranquilo y contento?

2. Inventa algunas excusas que puede decir Nacho a sus padres. Escríbelas.

   ....

   ....

   ....

3. Escribe algunas cosas en las que te cueste decir la verdad.

   ....

   ....

Actividades para hacer en casa con tus padres

4. Habla con tus padres sobre las cosas que has escrito en la actividad 3. Pídeles que te expliquen cómo contar alguna de esas cosas sin rodeos.

5. Comenta con tus padres qué puedes hacer para mejorar en sinceridad y escribe aquí lo que vas a hacer.

   ....

   ....

Orientaciones para padres y profesores

Para que los niños adquieran la virtud de la sinceridad les daremos ejemplo diciendo siempre la verdad y siendo coherentes entre lo que decimos y lo que hacemos.

Pero para educarles en esa virtud no basta con darles ejemplo, hemos de conseguir que detesten la mentira y que valoren la verdad. Siempre que sea posible, les haremos descubrir los inconvenientes de la mentira y las ventajas de decir la verdad. Subrayaremos la relación entre sinceridad y valentía.

Les animaremos a ser muy sinceros con los padres, profesores y todas las personas que les quieren, para que les puedan ayudar.

Obras incidentales que facilitan la sinceridad:
- Decir siempre la verdad.
- Evitar las excusas.
- Reconocer los fallos y rectificar.
- No hacer trampas en los juegos.
- Hablar con los padres de las cosas que hace diariamente.

Sinceridad

Pinocho dice una mentira

[…] —¿Y dónde están las monedas? —le preguntó el Hada.

—¡Las he perdido! —contestó Pinocho; pero dijo una mentira porque las tenía escondidas en el fondo de su bolsillo.

Apenas hubo dicho esta mentira, su nariz, que ya era larga, le creció de pronto dos dedos más.

—¿Y dónde las has perdido?

—En el bosque vecino.

Al decir esta segunda mentira, la nariz siguió creciéndole.

—Si las has perdido en el bosque vecino —dijo el Hada—, las buscaremos y las hallaremos, porque todo lo que se pierde en ese bosque se recupera siempre.

—¡Ah!, ahora me acuerdo bien —replicó el polichinela, embrollándose—, no he perdido las monedas, pero, sin darme cuenta, me las he tragado mientras bebía vuestra medicina.

Con esta tercera mentira, la nariz alargósele de un modo tan extraordinario que el pobre Pinocho no podía volverse de ningún lado. Si se volvía hacia acá, golpeaba con la nariz en la cama o en los cristales de la ventana; si hacia allá, daba con ella en las paredes o en la puerta de la habitación; si alzaba un poco más la cabeza, corría el riesgo de metérsela en un ojo al Hada.

Y el Hada lo miraba y se reía.

—¿Por qué os reís? —le preguntó el polichinela, muy confuso y preocupado por su nariz, que crecía a ojos vistas.

—Me río de la mentira que me has dicho.

—¿Pero cómo sabéis que he dicho una mentira?

—Las mentiras, hijo mío, se descubren enseguida, porque las hay de dos especies: las que tienen las piernas cortas y las que tienen la nariz larga; la tuya, precisamente, es de las que tienen la nariz larga.

Pinocho, no sabiendo dónde esconderse por la vergüenza que sentía, intentó huir de la habitación, pero no lo consiguió. Su nariz había crecido tanto que no cabía ya por la puerta.

Carlo Collodi, *Las aventuras de Pinocho*, Ed. Juventud.

Nombre:..

Actividades

1. Contesta a estas preguntas sobre la lectura.

- ¿Cuántas mentiras dijo Pinocho? ....
- Completa lo que dijo que había pasado con las monedas:
  - En la primera mentira dijo que las había ....
  - En la segunda que estaban en ....
  - En la tercera que se las había ....
- Si hubiera rectificado al decir la primera mentira, ¿habría tenido que seguir mintiendo? ....

2. Explica el significado de este refrán: «Antes se coge a un mentiroso que a un cojo».

....

....

3. Colorea las palabras que nos acercan a los demás.

MENTIRA ALEGRÍA

COBARDÍA

VALENTÍA TRISTEZA

CONFIANZA

SINCERIDAD FALSEDAD

DIÁLOGO ENGAÑO

4. Piensa en dos cosas o situaciones en las que en adelante vas a ser siempre muy sincero y anótalas.

....

....

5. Dramatizamos una situación en la que un niño se excusa de haber hecho algo mal.

Quincena 13

Responsabilidad

Hago lo que debo aunque me cueste

Objetivo familiar: ....

Nombre: ....

Firma de los padres

Evaluación de los padres:

Señalar con una X la evaluación adecuada del objetivo familiar

MUY BIEN ☐ BIEN ☐ NORMAL ☐

Introducción

Esforzándote podrás conseguir muchas cosas. Ten buen humor, sé constante, procura realizar bien tu trabajo, ayuda a los demás, termina bien las cosas... No te conformes sólo con lo fácil. Haciendo lo que debes, aunque cueste, serás muy valiente y estarás siempre contento.

Actividades para hacer en el colegio

1. Observamos la lámina y dialogamos:
   - ¿Qué hacen Marta y Nacho?
   - ¿Qué ocurriría si no recogieran los juguetes?
   - Cuando tú acabas de jugar, ¿te apetece recoger?
   - ¿Qué debes hacer?
2. Busca en el diccionario el significado de estas palabras y escríbelo.
   - Valiente: ....

     ....
   - Cobarde: ....

     ....

Actividades para hacer en casa con tus padres

3. Concreta con tus padres qué cosas debes hacer en casa y te cuestan. Escribe qué vas a hacer para mejorar.

   ....

   ....
4. Pide a tus padres que te expliquen el significado de esta frase: «Los valientes dan la cara». Pon algunos ejemplos:

   ....

   ....

Orientaciones para padres y profesores

Hemos de tener en cuenta que para ser responsables los niños necesitan ejercitarse en esta virtud y a veces, evitándoles responsabilidades, se lo impedimos.

La virtud de la responsabilidad va acompañada de la valentía. Haremos referencia a situaciones de la vida diaria en las que conviene ejercitarse para hacer en cada momento lo que se debe.

Será especialmente eficaz el ejemplo de los padres. Debemos aprovechar las ocasiones que se presenten para apoyar la conducta recta y libre de los hijos, actuando con responsabilidad.

Obras incidentales que facilitan la responsabilidad:
- Ir a la cama y levantarse a la hora prevista.
- Apagar el televisor para realizar otras actividades.
- Cumplir los encargos.
- Terminar lo empezado.
- Dejar todo recogido al terminar de trabajar o de jugar.

Responsabilidad

El niño que no sabía ser valiente

[…] Al volver a casa no pudo evitar llorar un poco y por eso, cuando su abuela le encontró al ir al huerto a coger unos tomates, le dijo:

—¿Qué te pasa, ángel mío? ¿Por qué lloras?

—Soy un cobarde —dijo Pablo.

La anciana le acarició la cabeza y le dijo:

—¿Quieres saber lo que tienes que hacer para curarte el miedo?

Pablo la miró sorprendido, y mostrando mucho interés por lo que le estaba diciendo respondió:

—Sí, abuela, dime qué tengo que hacer.

La anciana metió la mano en el bolsillo y empezó a hablar:

—Mira, Pablo, lo que voy a contarte es un secreto que sólo podemos conocer tú y yo. Un día, cuando iba al huerto, como ahora, me encontré con un guerrero que, por su aspecto, se podía asegurar que era muy valiente. Pues bien, me dijo que había caminado mucho y que tenía mucha hambre. Yo, sin esperar que me pidiera nada, le ofrecí tomates, cebollas y frutas. Agradecido, me ofreció algo de dinero, pero yo le dije: «Vos defendéis a mi pueblo y por eso no quiero que me paguéis nada». Entonces el guerrero me contestó: «Mujer, sois muy generosa. Ya que no queréis dinero, aceptad este presente y usadlo cuando tengáis algún problema. Viene de lejanas tierras y os será muy útil…». Cuando acabó de hablar se marchó. Y ahora, Pablo, te doy lo que él me dio.

Nombre: ....

Y la anciana, sacando la mano del bolsillo, puso en la mano de Pablo una piedra dorada. El niño miró a su abuela y luego a la piedra y dijo:

—¡Es preciosa! Y ahora, ¿qué tengo que hacer?

—Bien —dijo la anciana— tienes que llevarla siempre contigo. Como quieres ser valiente, a partir de ahora, es la piedra del valor. Además, como era de un guerrero no te fallará. Pero recuerda: no puedes decírselo a nadie...

—¡Gracias! —dijo Pablo. Dio un beso a su abuela y se fue. [...]

Al día siguiente había quedado con sus amigos para ir a nadar a un pilón de la acequia madre, donde aquella mañana habría agua. [...]

Pero, de pronto, el hermanito de Bernardo dejó de hacer pie y gritó:

—¡Que me ahogo! ¡Ayudadme!

Todos los niños salieron del agua asustados. Unos corrían a sus casas; otros buscaban labradores que pudieran ayudarles... Pablo cogió una cuerda, ató un extremo a su cuerpo y el otro se lo dio a Bernardo para que pudiera tirar de él y, lanzándose al agua, consiguió rescatar al niño.

Los hombres que habían llegado y el resto de los chiquillos felicitaron a Pablo y a Bernardo por ser tan valientes.

Mientras volvía a su casa, Pablo iba pensando: «He podido hacerlo gracias a la piedra. Pero, ¡la piedra! ¿Dónde tengo la piedra del valor? La piedra dorada...».

De pronto recordó que se la había olvidado en el bolsillo del pantalón. Y saltando y silbando entró en su casa mientras muy bajito decía:

—Ya no soy un cobarde, ya no soy un cobarde...

Sólo la abuela le oyó.

Empar de Lanuza, *El sabio rey loco y otros cuentos*, Ed. La Galera.

Actividades

1. ¿Se sentía Pablo valiente o cobarde? ....
   - ¿Por qué? ....

   ....
2. ¿Superó el miedo gracias a la piedra o por sí mismo?

   ....
3. Indica algunas situaciones en las que un niño de tu edad suele sentir miedo e indica qué puede hacer para ser valiente.

   ....

   ....

   ....

   ....

Responsabilidad

Colaboro en casa y en el colegio

Objetivo familiar: ....

Nombre: ....

Firma de los padres

Evaluación de los padres:

Señalar con una X la evaluación adecuada del objetivo familiar

MUY BIEN	BIEN	NORMAL
☐	☐	☐

Introducción

Colabora en las tareas y otras obligaciones de servicio a los demás en el colegio y en casa. En casa tienes que ser útil: ayuda en todo lo que puedas y préstate gustoso para hacer recados. De este modo darás muchas alegrías a tus padres.

Actividades para hacer en el colegio

1. Observamos la lámina y dialogamos:
- ¿Cómo ayudan Marta y Nacho a sus padres?
- ¿En qué otras cosas podrías ayudar tú en casa?
- ¿Qué sucede cuando en casa no colabora nadie?
- Nombra distintos motivos por los que hay que ayudar en casa.

2. ¿Qué encargo tienes en el colegio?

....

- Explica en qué consiste.

  ....

  ....

- ¿Lo estás cumpliendo bien? ....
- Indica cómo podrías cumplirlo mejor.

  ....

  ....

Actividades para hacer en casa con tus padres

3. Comenta con tus padres los encargos que puedes realizar en casa y qué vas a hacer para cumplirlos bien.

4. Pregunta a tus padres en qué cosas necesitan tu ayuda y préstasela.

Orientaciones para padres y profesores

Facilitaremos la adquisición de pequeños hábitos de ayuda y colaboración con los demás: encargos, ayuda entre hermanos y compañeros, pequeños detalles de servicio en la familia, etc.

Para educar en la responsabilidad es importante que los niños tengan encargos en casa y en el colegio y conseguir que los cumplan con responsabilidad. Colocaremos la lista de encargos de la clase en un lugar visible para facilitarles su cumplimiento.

Hemos de enseñarles modos prácticos de realizar el encargo y prestarles ayuda si la necesitan.

Obras incidentales que facilitan la responsabilidad:
- Cumplir los encargos.
- Ayudar en las tareas de casa.
- Hacer recados.
- Apagar las luces cuando no sean necesarias.
- Dejar el pijama bien doblado.
- Echar en el cesto la ropa para lavar.

Responsabilidad

Actividades

1. Haz una lista de encargos que puedes realizar en tu casa para contribuir al buen funcionamiento de tu familia.

ENCARGOS

....

....

....

....

....

....

2. Busca en esta sopa de letras ocho encargos de clase.

A	P	T	D	S	U	R	L	V	N
B	I	B	L	I	O	T	E	C	A
O	Z	C	E	L	U	C	E	S	P
P	A	P	E	L	E	R	A	P	R
U	R	U	D	A	Y	R	E	S	I
E	R	M	E	S	A	S	U	S	T
R	A	V	E	N	T	A	N	A	S
T	Y	R	T	S	F	S	A	L	Ñ
A	K	S	F	A	T	Q	D	R	A

Nombre:...

3. Dibuja el encargo que realizas en el colegio. Piensa si lo estás cumpliendo bien.

- Indica algunas cosas que puedes hacer para cumplirlo mejor.

....

....

....

....

....

Alegría

Ayudo para que en mi casa haya un ambiente de alegría y felicidad

29

Objetivo familiar: ....

Nombre: ....

Firma de los padres

Evaluación de los padres:

Señalar con una X la evaluación adecuada del objetivo familiar

MUY BIEN ☐ BIEN ☐ NORMAL ☐

Introducción

Cuando te portas bien el primero en alegrarse eres tú, porque has hecho lo que tenías que hacer. Tus padres y hermanos también se alegrarán y en tu casa habrá felicidad. ¡Qué bien se está en una casa en la que todos se quieren y se respetan!

Actividades para hacer en el colegio

1. Observamos la lámina y dialogamos:
- ¿Qué ocurre en la primera viñeta?
- ¿Cómo están los padres?
- ¿Qué diferencias hay en la segunda viñeta?
- ¿Qué cosas estropean el ambiente de alegría en casa?
- ¿Qué podemos hacer para contribuir a la paz en el hogar?

2. Escribe lo que vas a hacer al llegar a casa para que tus padres estén contentos.

....

....

Actividades para hacer en casa con tus padres

3. Di qué cosas te hacen perder los nervios y te ponen triste o enfadado. Piensa con tus padres lo que puedes hacer para superarte.

....

....

4. Pide a tus padres que te digan algunos motivos por los que has de estar contento. Escríbelos.

....

....

Orientaciones para padres y profesores

Trataremos de conseguir que los niños disfruten haciendo la vida más agradable a los que les rodean.

Insistiremos en la relación que hay entre la alegría y el desprendimiento del propio yo. Quien se preocupa de sí mismo es infeliz, en cambio quien se preocupa de los demás está siempre contento.

La alegría ayuda a vencer las dificultades. Las cosas hechas con alegría salen bien. Crearemos a nuestro alrededor un ambiente de optimismo, de cordialidad y de buen humor.

Un ambiente familiar y escolar alegre y optimista favorece la convivencia y es necesario para el desarrollo del niño.

Obras incidentales que facilitan la alegría:
- Estar siempre alegres y ser optimistas.
- Procurar poner siempre buena cara.
- Superar las dificultades con alegría.
- No quejarse de las dificultades.
- Hacer la vida agradable a los demás.

Alegría

30

Actividades

1. Explica lo que sucede en estas viñetas y dibuja, junto a cada una, 🙂 o 🙁 según cómo se encuentren los niños después de realizar esas acciones.

....

....

....

Nombre: ....

2. Rodea lo que debes hacer si ves a un compañero haciendo una cosa mal.

CHIVARTE   CORREGIRLE A SOLAS   REÍRTE

DISCULPARLE   AYUDARLE   CRITICARLE

3. Explica el significado de la expresión «Ahogarse en una gota de agua».

....

....

4. Busca en esta sopa de letras ocho cualidades buenas de tus compañeros.

H	S	I	M	P	A	T	I	C	O	P
V	A	L	I	E	N	T	E	K	D	S
O	R	T	F	S	C	S	G	P	D	A
A	P	F	S	I	N	C	E	R	O	V
L	N	X	V	A	R	E	N	P	F	Z
E	Ñ	O	B	E	D	I	E	N	T	E
G	H	D	G	Z	E	M	R	F	Q	X
R	A	M	A	B	L	E	O	G	H	J
E	S	T	U	D	I	O	S	O	D	E
T	G	S	Y	I	P	A	O	V	X	L

5. Describe a un compañero de la clase. Utiliza en la descripción algunas de las cualidades que has encontrado en la sopa de letras de la actividad anterior y otras que se te ocurran.

....

....

....

....

....

Preparamos las vacaciones

Leo y realizo tareas diariamente.

Soy fuerte y evito los caprichos.

Practico aficiones culturales y deportivas.

Cumplo mis encargos y colaboro.

Viajo, descanso y me divierto con mi familia.

Nombre: ....

Introducción

Las vacaciones pueden ser una magnífica oportunidad para desarrollar tu formación cultural y adquirir nuevas habilidades o destrezas.

Planifica tus vacaciones para que te diviertas y sean de provecho. Procura sacar tiempo para dedicarlo a tus aficiones preferidas: coleccionismo, lectura, deportes, pintura, música, etc. Cultivando aficiones harás nuevos amigos y lo pasarás mucho mejor.

Actividades para hacer en el colegio

1. Señala las cosas que vas a hacer durante las vacaciones coloreando los círculos que hay en los dibujos.
2. Anota aquí cuáles son tus aficiones preferidas.

   ....

   ....

   - Explica por qué.

     ....

     ....

3. ¿Cuál es tu deporte favorito? ....

   - Escribe sus reglas: ....

     ....

     ....

     ....

     ....

Orientaciones para los profesores

El final de curso debe ser tiempo de previsión para organizar adecuadamente el verano y enseñar a los alumnos que no sólo se aprende en clase estudiando Lengua, Matemáticas…, sino que en vacaciones tienen una oportunidad muy buena para aprender muchas otras cosas que son importantes y les ayudarán a seguir creciendo y siendo mejores. Así evitaremos que se destruya lo que se ha conseguido con mucho esfuerzo durante el curso. Ayudaremos a las familias a compatibilizar durante las vacaciones el descanso, el deporte, las aficiones y la diversión con el desarrollo de las virtudes humanas y el enriquecimiento personal.

– Con los alumnos, incidiremos en que durante el final de curso pongan a prueba todas las virtudes humanas en las que nos hemos estado esforzando durante el curso:

  Orden en el cuidado de las cosas y para aprovechar muy bien el tiempo.
  Trabajo para no dejarnos llevar de la pereza.
  Generosidad para ayudar a los compañeros que lo necesitan.
  Fortaleza para hacer el último esfuerzo, soportando el cansancio y el calor.
  Sobriedad en los refrescos y helados.
  Alegría porque todavía podemos mejorar en muchas cosas.

– Con los padres, mantendremos una entrevista para orientarles sobre el mejor modo de aprovechar el tiempo libre de los hijos y en la que concretaremos las actividades que van a realizar durante el verano: cursos de idiomas, de repaso, de preparación del nuevo curso, aficiones, deportes, música, actividades familiares, etc. Es importante que a los niños les marquemos algunas metas concretas. Impulsaremos la afición lectora de los alumnos con un plan de lecturas adecuado para el verano.

En vacaciones

Orientaciones para los padres

Las vacaciones de verano son un tiempo privilegiado para **convivir con la familia.** Hemos de saber compatibilizar el descanso, el juego y la diversión con la lectura, las tareas de repaso de lo aprendido, el deporte, las aficiones, y otras actividades familiares: conversaciones familiares, visitas a parientes y amigos, paseos, excursiones, etc.

El **lugar de veraneo** repercute en la formación de los niños. Debemos elegir el ambiente apropiado para que influya positivamente.

Es importante establecer un **horario** claro que facilite la convivencia familiar: hora de levantarse y acostarse, de las comidas, momentos de ayudar en casa, de jugar, de ver la televisión, etc.

Impulsaremos la **afición lectora** mediante un plan de lecturas para el verano. Iremos formando una biblioteca familiar con libros que les atraigan y les formen. En verano también debe haber un tiempo dedicado al **repaso del curso** o para **preparar el curso siguiente**, realizando las actividades señaladas por el colegio.

Los niños de esta edad ocupan la mayor parte de su tiempo con el **juego**. Promoveremos los juegos en familia, al aire libre y aquellos que desarrollen habilidades motoras. Podemos aprovechar los juegos que hay en playas y parques.

Debemos enseñarles a hacer buen uso de la **televisión.** Seleccionaremos con los hijos los programas que merecen la pena ser vistos. Les habituaremos a no conectar el televisor al llegar a casa y a pedir permiso para hacerlo. Sería interesante ver con ellos algunas películas que desarrollen las virtudes humanas y comentarlas.

Es importante enseñar a nuestros hijos que el tiempo de vacaciones es un momento muy bueno para disfrutar y pasarlo bien, que no es sinónimo de hacer sólo lo que nos apetece. Debemos poner mayor cuidado en **evitar los caprichos,** especialmente los materiales. El verano suele ser un tiempo de mayores gastos: helados, chucherías, atracciones..., pero debemos enseñarles a poner límites, aunque económicamente nos lo podamos permitir, y hacerles ver que estas cosas no son necesarias para pasarlo bien. Como padres, puede costar decir «no» a determinados deseos de los hijos, pero tenemos que ser constantes y pensar que así les estamos haciendo un gran bien.

El verano es un periodo muy oportuno para que aprendan que se consigue un ambiente mejor para todos cuando nos preocupamos por los demás. Para ello distribuiremos algunos **encargos** de colaboración familiar entre los hijos y les animaremos a que los cumplan con responsabilidad.

Nombre:..

Objetivos familiares para el verano

Conviene que marquemos a nuestros hijos objetivos familiares para el verano. Los objetivos pueden ser semanales ya que en esta época estamos más tiempo con ellos. Al término de cada semana haremos la evaluación del objetivo y propondremos el objetivo para la semana siguiente. Interesa que concretemos con ellos pequeñas acciones para conseguirlo. Una propuesta de objetivos podría ser la siguiente*:

1. Trabajo y me divierto en vacaciones.
2. Estoy siempre contento y nunca me quejo.
3. Obedezco con alegría.
4. Digo siempre la verdad.
5. Practico alguna afición.
6. Cada día dedico un rato a la lectura.
7. Circulo correctamente por la calle.
8. Cuido el entorno.

Se pueden proponer los objetivos anteriores o cambiar algunos por aquellos que se considere más oportunos. A continuación se ofrece una relación con otros objetivos que podrían trabajarse:

- Cumplo mi horario.
- Tengo ordenada mi habitación.
- Comparto mis juguetes y mis cosas.
- Juego con mis amigos.
- Respeto las reglas de los juegos.
- Me esfuerzo por hacer bien las cosas.
- Cuido mi aseo personal.
- Pido las cosas por favor y doy las gracias.
- Utilizo bien los cubiertos.
- Como todo lo que me sirven.
- Evito los caprichos.
- Hago lo que debo aunque me cueste.
- Selecciono con mis padres los programas de televisión.
- Cumplo mis encargos.
- Pongo y recojo la mesa.
- Llevo la ropa sucia al cesto para lavar.
- Dejo la ropa limpia bien doblada.
- Me limpio los zapatos.
- Ventilo mi habitación.
- Apago las luces cuando no son necesarias.

Actividades para hacer en casa con tus padres

1. Habla con tus padres sobre los planes familiares que tenéis para el verano: viajes, excursiones, visitas a familiares y amigos, lecturas, aficiones, juegos, etc.
2. Concreta con tus padres el objetivo familiar que vas a desarrollar cada semana y escríbelo en el *planning* que aparece en la página siguiente. Pregúntales qué día de la semana vais a fijar para pensar ese objetivo y evaluar el de la semana anterior. Para que no se te olvide, anótalo a continuación.

   - Vamos a pensar el objetivo familiar de la semana y a evaluar el de la semana anterior el .... (día de la semana).

* Estos objetivos son los que se presentan semanalmente en el *Cuaderno de vacaciones 3* de ESC.

Objetivos familiares para el mes de julio

Semana	Objetivo semanal	MUY BIEN	BIEN	NORMAL
1		☐	☐	☐
2		☐	☐	☐
3		☐	☐	☐
4		☐	☐	☐

Objetivos familiares para el mes de agosto

Semana	Objetivo semanal	MUY BIEN	BIEN	NORMAL
1		☐	☐	☐
2		☐	☐	☐
3		☐	☐	☐
4		☐	☐	☐

Nombre: ....

3. Elabora con tus padres un horario para el verano. Puede ayudarte el modelo que encontrarás a continuación.

En este horario puedes señalar en qué momento del día vas a realizar las siguientes actividades u otras que tú hagas: cumplir un encargo, leer un rato, realizar tareas, jugar con tus amigos, hacer planes con tu familia, practicar una afición, etc.

Horario

Por la mañana

- Me levanto a las ....
- Después de desayunar ....

....

....

Por la tarde

- Después de comer ....

....

....

- Después de merendar ....

....

....

Por la noche

- Después de cenar ....

....

....

- Me acuesto a las ....